Ich Hacker – Du Script-Kiddy !

Hacking und Cracking

Leitfaden für Hacker

'Herr Meier'

ISBN 10: 1981486585
13-stellige ISBN: 978-1981486588

WIDMUNG

Gewidmet Allen, die gegen eine unsägliche Überwachung
kämpfen möchten.

INHALT

DANKSAGUNG

Danke allen Lesern für das Interesse und den Erwerb dieses Büchleins.

Einführung

WAS IST EIN HACKER?

Zunächst einmal ist ein Hacker ein guter Programmierer, der eine seiner Aufgaben darin sieht, Dinge aufzubauen, zu entwickeln und zu verbessern. Ein Hacker sieht eine Entwicklung nie am Ende angelangt, sondern ist stetig dabei, Dinge zu verbessern und Anderen den Umgang mit ihnen zu erleichtern. Hacker entwickelten das Betriebssystem 'UNIX', aus welchem heutige Betriebssysteme hervorgingen. Hacker entwickelten das Internet, wie wir es kennen und legten die Grundlagen für unser aller heutige moderne Kommunikationsmöglichkeiten.

Hacker glauben an Freiwilligkeit des Tuns und gegenseitige Hilfe beim Lösen von Problemen. Hacker beherrschen (nicht nur) die Programmiersprache C, arbeiten mit Linux oder BSD und lachen über den Gedanken, auf ein lächerliches Windows angewiesen zu sein.

Warum?

Ganz einfach: Wenn ich Suppe in einem Topf kochen möchte, so kaufe oder fertige ich mir einen Topf und kein Sieb, bei welchem ich zuerst die Löcher verlöten muss, um mir eine Suppe kochen zu können.

Logisch? Na also! Wenn ich ein brauchbares Betriebssystem will, so flicke ich nicht erst an einem unbrauchbaren herum, um so (eventuell) ein einigermaßen verwendbares System zu erhalten, bei welchem ich dennoch immer weiß, dass es in höchstem Maße unsicher sein wird.

Ein Hacker ist nicht auf Teufel komm raus an kostenloser Software interessiert, sondern in erster Linie an offener, welche den Code frei legt und somit freilich auch kostenlos ist, da man sie ja ohnehin einsehen kann.

Ein Hacker sucht nach Fehlern in Software, um diese sicherer zu machen; nicht wie ein Cracker, um mit seinem Wissen Andere abzuzocken.

Womit wir bei einem anderen Ausdruck angelangt wären, der anstelle des Begriffs Hacker oftmals gebraucht werden sollte, um die negativen Seiten des Hackertums zu beschreiben.

Der Begriff 'Hacker' sollte neutral im Sinne von Gut oder Böse gebraucht werden, da ein Cracker auch erst einmal ein Hacker (im Sinne von Programmierer) ist. Im Angelsächsischen haben sich die Begriffe 'white hat' und 'black hat' durchgesetzt, um diese beiden Welten zu verdeutlichen. Der 'grey hat' wäre hier der Begriff des neutralen beziehungsweise in seinen Absichten (noch) nicht zu definierenden Hackers.

Der Cracker

Ein Cracker ist, in gewisser Weise, ebenfalls ein Hacker, doch in seiner rein negativen Form, da er nicht aufbaut und bewahrt, sondern einbricht, zum eigenen Nutzen ausspioniert und zerstört.

Auch wenn es anscheinend dem zuvor Gesagten widerspricht:

Ein Cracker muss nicht zwangsläufig selbst ein guter Hacker sein, sondern kann auch lediglich die Fähigkeiten und Hilfe eines solchen in Anspruch nehmen. Dies, indem er etwa allgemein zugängliche sogenannte 'Scripte' (Script-Kiddy) verwendet oder andere Mittel gebraucht, welche er oftmals selbst gar nicht wirklich verstehen muss, da es im Netz ausreichend Material gibt, welches die Anwendung von 'Hacking'-Mitteln ermöglicht oder erleichtert.

Auch der Hacker bricht ja in Systeme ein, doch verfolgt er in der Regel andere Zwecke als der Cracker, der ausschließlich zu seinem eigenen Vorteil und zum Nachteil Anderer agiert.

Man könnte das vergleichen mit einem Schlosser, der ja das gleiche Wissen und die gleichen Fähigkeiten besitzt, welche der sogenannte 'Nacht-Schlosser' auch sich angeeignet hat, diese allerdings nur anwendet, um nächtens auf Beutezug zu gehen.

Knackt der ehrenwerte Schlosser ein kompliziertes Schloss, um eine eingesperrte, hilflose Person zu befreien, so ist das in unserem Verständnis anders zu bewerten, als das gleiche Geschehen, welches den Millionär um eine große Summe erleichtern soll.

Ebenso unterschiedlich sind die Arbeiten eines Hackers oder Crackers zu bewerten, die Beide gänzlich andere Beweggründe ihr eigen nennen, jedoch zu ihrer Arbeit die gleichen Mittel und Methoden anwenden.

Die Wikipedia umschreibt den Begriff des **Crackers** wie folgt:

'Cracker (vom englischen crack für „knacken" oder „[ein]brechen") umgehen oder brechen Zugriffsbarrieren von Computer- und Netzwerksystemen.

Das umschließt im Allgemeinen Scriptkiddies und Hacker, die ihre Aktivitäten betont auf die Umgehung von Sicherheitsmechanismen legen (siehe Abgrenzungen). Im Speziellen umschließt das Wort Programmierexperten, die Schutzmechanismen einer Software durch Cracking aushebeln (von der widerrechtlichen Manipulation von Software, beispielsweise als Teil der Warez-Szene, bis hin zu einer legalen Crackerszene begeisterter Programmierer, die mithilfe von CrackMes einen Sport auf geistiger Ebene praktizieren).

Abgrenzungen

Darüber hinaus ist die Abgrenzung des Crackerbegriffs nicht einheitlich, weshalb seine Bedeutung stark vom jeweiligen Kontext abhängig ist: Das Jargon File verdeutlicht das Selbstverständnis der „akademischen Hackerkultur", eine Bezeichnung, die auf das ursprünglich akademische Umfeld (wie MIT, Stanford, Berkeley und Carnegie Mellon) jener Subkultur seit den 1960er-Jahren schließen lässt. Das bedeutet aber nicht, dass Hacken damals eine akademische Studienrichtung gewesen sei. Als Reaktion auf schlechte Presse will das Jargon File seit 1990 sämtliche Hacker, die ihre Aktivitäten betont auf die

Umgehung von Sicherheitsmechanismen legen, „ungeachtet ihrer Motivation" nicht als Hacker, sondern als Cracker betitelt sehen.

Die „Computersicherheitshackerkultur" ordnet hingegen lediglich die dunkler gefärbten Richtungen (Personen aus ihrer Kategorie der Black-Hat-Hacker) und Scriptkiddies als Cracker ein. In der journalistischen und politischen Öffentlichkeit werden diese Ausdrücke gewöhnlich nicht unterschieden. Daneben gibt es auch Hacker, die eine moralische Abgrenzung aus Ermangelung einer klaren Trennlinie zwischen „gut" und „böse" ablehnen.

Neben diesem Gebrauch gibt es eine weitere Verwendung, in der speziell jemand als (Software-)Cracker betitelt wird, der sich darauf versteht, Schutzmechanismen einer Software auszuhebeln. Kulturübergreifend gilt dies ungeachtet von dessen Motivation, also auch dann, wenn das Cracken von Software als legaler Sport betrieben wird, indem der Cracker den Programmschutz selbstgeschriebener und eigens für diesen Zweck freigegebener Software (CrackMe) aushebelt.

Anmerkungen:

„CRACKER: Begriff, der von den ursprünglichen MIT-Hackern vergeben wurde, um sich von sogenannten ‚böswilligen' Hackern abzugrenzen, in der Hoffnung, dass die Medien den Begriff ‚Hacker' in Ruhe lassen und nicht mehr das bis dahin makellose Ansehen der ursprünglichen Bedeutung des Wortes Hacker beschädigen würden. Er wurde nie wirklich angenommen, vermutlich, weil Cracker sich nach einem Biss in ein knuspriges Weizengebäck anhört oder abwertend klingt wie ein ‚bleicher Hinterwäldler'. Obwohl er (zumindest meiner Auffassung nach) ein wirklich schwacher Begriff ist, wird er gelegentlich von denen verwandt, die gern sachkundig erscheinen wollen. [Kommt vom ‚Einbrechen' in Systeme.]" Die akademische Hackerkultur unterscheidet sich von der Computersicherheitshackerkultur dahingehend, dass bei der akademischen Hackergemeinschaft die Schaffung neuer und die Verbesserung bestehender Infrastrukturen im Vordergrund steht, insbesondere des eigenen Softwareumfelds. Computersicherheit ist dabei kein relevanter Aspekt. Ein Grundwissen zu Computersicherheit ist allerdings auch in der akademischen Hackergemeinschaft üblich. Zum Beispiel merkte Ken Thompson während seiner Turing-Award-Rede 1983 an, dass es möglich ist, in das UNIX-Login-Programm eine Hintertür einzubauen, sodass es zwar die normalen Passwörter akzeptiert, aber zusätzlich auch ein Generalpasswort. Er nannte dies ‚Trojanisches Pferd'.

Thompson argumentierte, dass man den C-Compiler zur Verschleierung des Ganzen so ändern könnte, dass er beim Übersetzen des Login-Programms diese Hintertür automatisch hinzufügte. Da der C-Compiler selbst ein Programm ist, das mit einem Compiler übersetzt wird, könnte man schließlich diese Compileränderung automatisch beim Übersetzen des Compilers selbst einfügen, ohne dass diese Manipulation noch aus dem Compilerquelltext ersichtlich wäre. Sie wäre somit nur noch in übersetzten Compilern vorhanden und so rein in übersetzten Programmen ohne jede Spur in der Quelltextbasis weitergegeben.

Thompson distanzierte sich aber deutlich von den Tätigkeiten der Computersicherheitshacker:

„I would like to criticize the press in its handling of the 'hackers', the 414 gang, the Dalton gang, etc. The acts performed by these kids are vandalism at best and probably trespass and theft at worst. ... I have watched kids testifying before Congress. It is clear that they are completely unaware of the seriousness of their acts."

Ein weiterer prominenter Fall zur Überschneidung zwischen diesen beiden Kulturen ist Robert T. Morris, der zur Hackergemeinschaft am „AI"-Rechner des MIT gehörte, trotzdem aber den Morris-Wurm schrieb. Das Jargon File nennt ihn daher „a true hacker who blundered" („einen echten Hacker, der versagt hat").

Die akademische Hackergemeinschaft sieht die nebensächliche Umgehung von Sicherheitsmechanismen als legitim an, wenn dies zur Beseitigung konkreter Hindernisse bei der eigentlichen Arbeit getan wird. In besonderen Formen kann so etwas auch ein möglicher Ausdruck von einfallsreicher intellektueller Experimentierfreudigkeit sein. Nichtsdestoweniger tendieren die Anhänger der akademischen Szene dazu, die Beschäftigung mit Sicherheitslücken negativ zu bewerten und sich davon zu distanzieren. Üblicherweise bezeichnen sie Leute, die dies tun, als Cracker und lehnen jede Definition des Hackerbegriffs grundsätzlich ab, die eine Betonung auf Aktivitäten im Zusammenhang mit der Umgehung von Sicherheitsmechanismen einschließt.

Die Computersicherheitshackerkultur andererseits unterscheidet im Allgemeinen nicht so streng zwischen den beiden Szenen. Sie beschränken die Verwendung des Cracker-Begriffs stattdessen auf ihre Kategorien der „Scriptkiddies" und „Black-Hat-Hacker".

Aus dem Bereich der Computersicherheit sehen zum Beispiel Teile des CCC die akademische Hackerbewegung als konservative Fraktion einer einzelnen größeren, verwobenen und allumfassenden Hackerkultur.'

Ende Zitat Wikipedia.

Script Kiddies

Unter diesem Begriff versteht man in der Regel jugendliche Computernutzer, welche trotz mangelnder Grundlagenkenntnisse den Drang verspüren, in fremde Computersysteme einzudringen um dort Schaden anzurichten.

Erfolg ihrer Versuche sind dabei der Anwendung gebrauchsfertiger Lösungen zu verdanken, also in der Regel die Nutzung vorgefertigter Automatismen oder schriftlicher Anleitungen.

Die Bezeichnung „Scriptkiddy" suggeriert unreifes Verhalten sowie Vandalismus und wird meistens abwertend verstanden.

Darüber hinaus gibt es eine Verwendung dieses Begriffs im Bereich der Programmierung, wo der Begriff Bezug nimmt auf eine Person, die fremden Quellcode für ihre eigenen Projekte zusammenkopiert, um deren Ergebnisse zu nutzen, ohne jedoch selbst den Code auch nur zu verstehen.

Unter 'Skript' ist eine Textdatei zu verstehen, welche eine Anzahl von Befehlen enthält, die ein Computer selbstständig ausführen soll. Wird der Computer angewiesen, ein solches Skript abzuarbeiten, führt dies zum Aufruf verschiedener Programme gemäß einem vorgegebenen Ablaufplan.

'**Scriptkiddy**' ist also als Sinnbild für einen Jugendlichen zu verstehen, der ausschließlich mit Hilfe von vorgefertigten Skripten in fremde Computer einbrechen kann, oder diesem durch ihn verbreitete Viren, Würmer oder Trojaner Schaden zufügt, ohne wirklich fundierte Kenntnisse aus dem Bereich der Computersicherheit zu besitzen. Hierzu gehört auch das verbreitete Klischee, dass dies alles aus der Motivation heraus geschieht, anderen imponieren zu wollen.

Motivationen

Ob dies oben Gesagte nun in seiner Gänze zutreffend sei oder nicht, mag ein Jeder für sich selbst beurteilen. Persönlich bin ich der Meinung, dass man auch hier keinesfalls verallgemeinern sollte

und nicht Beweggründe unterstellen, welche vielleicht gar nicht vorhanden sind.

So Mancher mag wohl tatsächlich lediglich von Zerstörungswut gepackt sein – ein Anderer jedoch ärgert sich vielleicht über die Dreistigkeit staatlicher Stellen, die sich anmaßen, das Internet als ihr Eigentum zu betrachten und nach Belieben Gesetze und Bestimmungen zu erlassen, obwohl gerade diese Stellen nichts zur Entwicklung und Ausbau des Internets beigetragen haben.

Es soll an dieser Stelle nicht weiter erörtert werden, ob und inwieweit solcherlei Gedanken zutreffen oder nicht. Über die Entwicklung des Internet kann an anderer Stelle ausreichend nachgelesen werden.

Auch soll hier nicht bewertet werden, ob nun ein Hacker, Cracker oder Script-Kiddy auf rechter oder falscher Seite steht. Dies herauszufinden oder zu beurteilen, mag dem jeweiligen Leser überlassen sein, wie ihm auch überlassen sein mag, die eigenen Beweggründe zu bestimmen, welche ihn dazu veranlassen oder davon abhalten, die hier vorgestellten Tools zu welchem Zweck zu verwenden. Ist Jemand der Ansicht, staatlichen Stellen zuvorkommen zu müssen, um nicht selbst ausgespäht zu werden, so mag er mit dieser Einstellung getrost das für ihn Richtige tun, sofern er sich auch über die Konsequenzen im Klaren ist. Denn auch hier gilt (wie überall in unserem System) das Recht des Stärkeren: Der Staat erdreistet sich, den Bürger nach Belieben auszuspähen und erwartet, dass Dieser sich dieses Ausspähen nicht nur gefallen lässt, sondern auch noch aktiv dabei mitwirkt, indem er etwa unsichere Systeme wie Windows verwendet. Dreht nun Jemand den Spieß um und macht irgendwelche 'Schweinereien' staatlicher Stellen öffentlich, so hat diese Person meinen Segen – und für solche Menschen sind diese Anregungen hier auch gedacht.

Nichtsdestotrotz möchte ich hier in Form eines Gesetzes-Auszugs die möglichen Konsequenzen aufzeigen:

Ausspähen von Daten

Der Wortlaut des § 202a StGB:

1) Wer unbefugt sich oder einem anderen Zugang zu Daten, die nicht für ihn bestimmt und die gegen unberechtigten Zugang besonders gesichert sind, unter Überwindung der Zugangssicherung verschafft, wird mit Freiheitsstrafe bis zu drei Jahren oder mit Geldstrafe bestraft.

(2) Daten im Sinne des Absatzes 1 sind nur solche, die elektronisch, magnetisch oder sonst nicht unmittelbar wahrnehmbar gespeichert sind oder übermittelt werden.

Geschützt wird die Verfügungsbefugnis über Daten. Diese Norm ist sozusagen die allgemeine Strafbestimmung gegen den „elektronischen Hausfriedensbruch". Primär geht es um das Verschaffen von Daten. Dabei ist es nicht relevant, ob geschäftliche oder private Daten ausgespäht werden. §202a StGB erfasst unter anderem den Softwarediebstahl, das Ausspähen von Daten, den Wirtschaftsverrat und das Verschaffen von Unternehmensgeheimnissen. Nach Meinung einiger Juristen ist das Einhacken in fremde Datensysteme ohne das Verschaffen von Daten nicht gesetzwidrig, diese Einschätzung ist jedenfalls nach dem neuen Wortlaut der Norm, die die Strafbarkeit bereits mit der Erlangung des Zugangs beginnen lässt, nicht mehr haltbar. Das uneingeschränkte Lesen der illegal beschafften Daten erfüllt jedoch den Tatbestand des § 202a.

Phishing, also das Verschicken von E-Mails unter dem Namen tatsächlich existierender Kreditinstitute an Bankkunden, mit denen die Empfänger unter einem Vorwand aufgefordert werden, auf einer verlinkten und ebenfalls gefälschten Webseite Zugangsdaten einzugeben, dient zwar der Vorbereitung eines Computerbetrugs gemäß § 263a StGB, stellt aber kein Ausspähen von Daten gemäß § 202a StGB dar.

Zukünftig soll bereits der bloße unbefugte Zugang zu Computer- und Informationssystemen („Hacking") strafbar sein. Bisher gilt dies erst, wenn sich jemand Daten verschafft.

Da das Europarat-Übereinkommen die Strafbarkeit von bestimmten Vorbereitungshandlungen für Computerstraftaten vorschreibe, soll der im deutschen Recht bestehende Tatbestand des vorbereitenden Computerbetrugs auf das Ausspähen und Abfangen von Daten erweitert werden. Auch Vorbereitungshandlungen zu Datenveränderung und

Computersabotage sollten in diesem Zusammenhang erfasst werden.

Der Begriff **Computerkriminalität oder Cyberkriminalität** (engl. Cybercrime) umfasst „alle Straftaten, die unter Ausnutzung der Informations- und Kommunikationstechnik (IuK) oder gegen diese begangen werden"

Computersabotage im Sinne des deutschen Strafrechts ist das Stören einer fremden Datenverarbeitungsanlage, die für einen anderen von wesentlicher Bedeutung ist. Im Gegensatz zur vorherigen Rechtslage erfasst der neue § 303b StGB nicht nur den betrieblichen Bereich, sondern auch Datenverarbeitungen, die den privaten Bereich betreffen. Die Änderung des § 303b StGB und die Neufassung des Delikts der Computersabotage erfolgte in Umsetzung des Übereinkommens des Europarates über Computerkriminalität und der Umsetzung des Rahmenbeschlusses 2005/222/JI des Rates vom 24. Februar 2005 über Angriffe auf Informationssysteme (ABl. EU Nr. L 69 S. 67).

Denial of Service-Angriffe (DoS, DDoS) werden grundsätzlich als Tathandlungen nach § 303b Abs. 1 Nr. 2 StGB angesehen. Wenn der Angriff mittels IP-spoofing ausgelöst wird, spricht man von einer Distributed-Reflected-Denial-of-Service-Attacke (DRDoS). Die Nutzung von Malware unterschiedlicher Art (Viren, Würmer, Trojaner und dgl.) kann regelmäßig die Tatbestandsalternative des § 303b Abs. 1 Nr. 1 StGB erfüllen.

Dem gegenüber möchte ich den Wortlaut der Unabhängigkeitserklärung des Cyberspace von John Perry Barlow stellen:

Unabhängigkeitserklärung des Cyberspace

John Perry Barlow. Vorlesung anlässlich des 10. Jahrestages der Unabhängigkeitserklärung des Cyberspace. Davos/Schweiz, 2006

Eine Unabhängigkeitserklärung des Cyberspace (englischer Originaltitel: „A Declaration of the Independence of Cyberspace") war einer der bis heute einflussreichsten Artikel über die Machbarkeit und Legitimierung von staatlicher Kontrolle und Hegemonie auf das schnell wachsende Internet. Er wurde von John Perry Barlow geschrieben, einem Mitgründer der Electronic Frontier Foundation, und am 8. Februar 1996 von Davos aus online publiziert. Der Anlass, aus dem er verfasst wurde, war die Verabschiedung des Telecommunications Act von 1996 in den USA. Barlow wandte sich damit unter anderem vehement gegen die Möglichkeit einer Zensur im Internet.

Die Erklärung lautet wie folgt:

Governments of the Industrial World, you weary giants of flesh and steel, I come from Cyberspace, the new home of Mind. On behalf of the future, I ask you of the past to leave us alone. You are not welcome among us. You have no sovereignty where we gather.

We have no elected government, nor are we likely to have one, so I address you with no greater authority than that with which liberty itself always speaks. I declare the global social space we are building to be naturally independent of the tyrannies you seek to impose on us. You have no moral right to rule us nor do you possess any methods of enforcement we have true reason to fear.

Governments derive their just powers from the consent of the governed. You have neither solicited nor received ours. We did not invite you. You do not know us, nor do you know our world. Cyberspace does not lie within your borders. Do not think that you can build it, as though it were a public construction project. You cannot. It is an act of nature and it grows itself through our collective actions.

You have not engaged in our great and gathering conversation, nor did you create the wealth of our marketplaces. You do not know our culture, our ethics, or the unwritten codes that already provide our society more order than could be obtained by any of your impositions.

You claim there are problems among us that you need to solve. You use this claim as an excuse to invade our precincts. Many of these problems don't exist. Where there are real conflicts, where there are wrongs, we will identify them and address them by our means. We are forming our own Social Contract. This governance will arise according to the conditions of our world, not yours. Our world is different.

Cyberspace consists of transactions, relationships, and thought itself, arrayed like a standing wave in the web of our communications. Ours is a world that is both everywhere and nowhere, but it is not where bodies live.

We are creating a world that all may enter without privilege or prejudice accorded by race, economic power, military force, or station of birth.

We are creating a world where anyone, anywhere may express his or her beliefs, no matter how singular, without fear of being coerced into silence or conformity.

Your legal concepts of property, expression, identity, movement, and context do not apply to us. They are all based on matter, and there is no matter here.

Our identities have no bodies, so, unlike you, we cannot obtain order by physical coercion. We believe that from ethics, enlightened self-interest, and the commonweal, our governance will emerge. Our identities may be distributed across many of your jurisdictions. The only law that all our constituent cultures would generally recognize is the Golden Rule. We hope we will be able to build our particular solutions on that basis. But we cannot accept the solutions you are attempting to impose.

In the United States, you have today created a law, the Telecommunications Reform Act, which repudiates your own Constitution and insults the dreams of Jefferson, Washington, Mill, Madison, DeToqueville, and Brandeis. These dreams must now be born anew in us.

You are terrified of your own children, since they are natives in a world where you will always be immigrants. Because you fear them, you entrust your bureaucracies with the parental responsibilities you are too cowardly to confront yourselves. In our world, all the sentiments and expressions of humanity, from the debasing to the angelic, are parts of a seamless whole, the global conversation of bits. We cannot separate the air that chokes from the air upon which wings beat.

In China, Germany, France, Russia, Singapore, Italy and the United States, you are trying to ward off the virus of liberty by erecting guard posts at the frontiers of Cyberspace. These may keep out the contagion for a small time, but they will not work in a world that will soon be blanketed in bit-bearing media.

Your increasingly obsolete information industries would perpetuate themselves by proposing laws, in America and elsewhere, that claim to own speech itself throughout the world. These laws would declare ideas to be another industrial product, no more noble than pig iron. In our world, whatever the human mind may create can be reproduced and distributed infinitely at no cost. The global conveyance of thought no longer requires your factories to accomplish.

These increasingly hostile and colonial measures place us in the same position as those previous lovers of freedom and self-determination who had to reject the authorities of distant, uninformed powers. We must declare our virtual selves immune to your sovereignty, even as we continue to consent

to your rule over our bodies. We will spread ourselves across the

Planet so that no one can arrest our thoughts.

We will create a civilization of the Mind in Cyberspace. May it be more humane and fair than the world your governments have made before.

Davos, Switzerland February 8, 1996

Die Erklärung tut dies in einer Sprache, welche an die Unabhängigkeitserklärung der Vereinigten Staaten erinnert, und zitiert diese indirekt in ihren letzten Absätzen. Abgesehen von der Erwähnung des US-amerikanischen Telecommunications Act, beschuldigt die Erklärung auch China, Deutschland, Frankreich, Russland, Singapur und Italien, die freie Entwicklung des Internets zu behindern.

Ende Zitat.

Wie werde ich ein Hacker?

Zum hinter die Ohren schreiben:

Zum Hacker wirst Du aufgrund der eigenen Einstellung, welche Dir Dinge ge-oder verbietet. Frag Dich also, was Du wirklich willst. Willst Du nur einbrechen, um Andere zu verärgern und um zerstören zu können, so lies besser nicht weiter, geh Dir ein Bier und einen Schnaps kaufen und setz Dich mit Gleichgesinnten zusammen, um irgendwelche Scripte auszuprobieren, welche Deinen Wünschen entsprechen.

Willst Du aber ein 'White-Hat-Hacker' sein, so besorge Dir eine Linux-oder BSD-Distribution (Unix) und lerne programmieren. Beginne damit, HTML-Code zu schreiben, damit Du ein

Verständnis dafür bekommst, was Du eigentlich tust. Mit einem Windows wirst Du nicht weit kommen, denn Du kannst zwar auch auf einem Windows lernen, wie man Code schreibt, doch besteht die Gefahr, dass man eventuell Deinen Computer hackt, statt dass Du einmal durch die 'Hintertür' in einen Computer kommst.

Ein passendes Linux findest Du kostenlos im Internet. Lade es herunter, installiere es und mach Dich damit vertraut. Du kannst Dich auch damit vertraut machen, ohne es gleich auf die Festplatte zu bannen, indem Du mit einer Live-DVD arbeitest.

Betrachte Dir den Quellcode von Internetseiten, um Dich mit HTML vertraut zu machen. Lerne danach Python und später C, die Sprache von Unix.

Wenn Du es dann endlich geschafft hast, eigenen, brauchbaren Code zu schreiben, bist Du noch lange kein Hacker, sondern kannst damit beginnen, einer zu werden. Mach Dir Deine eigenen Gedanken über die sogenannte 'Hackerethik' und entscheide für Dich, ob Hacken mit dem Begriff Ethik überhaupt vereinbar ist oder ob die Gefahr besteht, aus solcher Ethik eines Tages eine Religion zu machen und das Dogma des Hackens dann nicht mehr hinterfragen zu dürfen.

Man soll nicht vergessen, dass schließlich auch Leute wie ein Steve Jobs oder Bill Gates früher einmal als Hacker galten.

Genug der Predigt. Ein guter Mensch macht sich selbst und ein schlechter ebenso. Jeder entscheidet selbst, was er mit dem Material, welches ihm zur Verfügung steht, beginnen wird. Der Eine wird ein Brotmesser verwenden, um Brot zu schneiden – der Andere, um unschuldige Menschen zu bedrohen. Wer hat dann letztendlich Schuld......??????

Hacking Tools

Unser erster 'Crack'

Wir wollen nunmehr zum ersten mal in unseren eigenen Computer (oder den von Tante Elfriede) einbrechen, weil wir schusslig waren und unser Zugangspasswort vergessen oder verlegt haben.

Ein Zugangspasswort ist im Grunde ein eher geringwertiger Schutz, welcher vielleicht Sinn an einem Computer im Betrieb macht, im Falle, dass ich einmal für einige Minuten den Arbeitsplatz verlasse und nicht möchte, dass in dieser kurzen Zeit ein Kollege sich einloggt.

Hat ein Profi allerdings etwa 10 Minuten Zeit, so wird er trotz Zugangspasswort nicht nur Zugriff auf den Computer erhalten, sondern auch Gelegenheit haben, Dateien auf einen Stick zu ziehen.

Die meiste Zeit wird in einem solchen Fall gebraucht werden für das Herunter- und anschließende Hochfahren des Computers. Der Rest ist innerhalb weniger Minuten erledigt.

Zum Wie:

Du hast Dir eine Linux-Live-Distribution (für Anfänger etwa Linux Mint) heruntergeladen und auf DVD gebrannt. Der betreffende Computer ist von CD (oder Stick) bootfähig (falls nicht, musst Du das vorher bewerkstelligen. Anleitungen dazu gibt es im Netz).

Öffne das CD-Fach des Rechners, lege die Linux-DVD ein und fahre den Rechner herunter. Schließe das CD-Fach und starte den Rechner neu. Das Linux-System wird jetzt starten.

Auf dem Screen siehst Du links oben (bei Mint):

Wähle 'Computer'.

Es zeigt sich nun (etwa) Folgendes:

Wähle die entsprechende Festplatte.

Nun hast Du (bei einem Linux-System) in etwa folgendes Bild vor Dir:

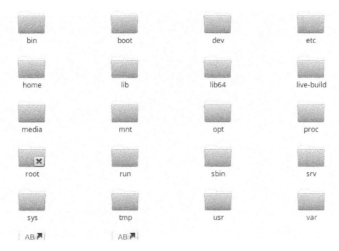

Du wählst 'Home' oder bei Windows entsprechend 'Eigene Dateien'.

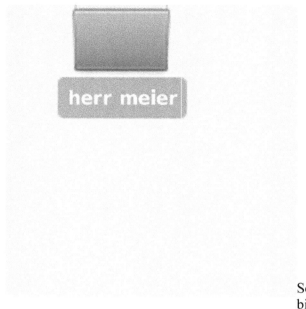

Schon bist Du, wo Du sein wolltest und kannst Dir betrachten oder auf einen Stick ziehen, was Du möchtest.

Dies alles funktioniert wohlgemerkt nur, wenn der Computer lediglich mit einem Zugangspasswort gesichert ist. Das Passwort kennst Du immer noch nicht, doch Du bist durch die Hintertür in den Computer gelangt und kannst auch die gebrannte Live-Linux-DVD als mobiles Betriebssystem weiter verwenden. Ist die Festplatte verschlüsselt, hast Du ohne Passwort auf diese Weise keine Chance und musst zu rabiaten Mitteln greifen, welche allerdings sehr viel Zeit in Anspruch nehmen können.

Brute-Force

Ein Brute-Force-Angriff wird durchgeführt, indem eine Software in schneller Abfolge verschiedene Zeichenkombinationen durchprobiert. Dabei ist der Algorithmus sehr einfach und beschränkt sich auf das Ausprobieren möglichst vieler

Zeichenkombinationen, weshalb man auch von einer 'erschöpfenden Suche' spricht.

Diese Methode ist in der Praxis häufig erfolgreich, da viele Nutzer nur kurze Passwörter verwenden, welche darüber hinaus oft nur aus Buchstaben bestehen, womit die Anzahl möglicher Kombinationen drastisch reduziert und somit das Erraten erleichtert wird.

Tools: **Hier nur eine winzig kleine Auswahl.**

John the Ripper   Dokumentation:
http://openwall.com/john/doc/   eng.

(Software zum Testen von Authentifizierungseinrichtungen und Passwörtern.)

Hashcat   Dokumentation:
https://hashcat.net/wiki/   eng.

(Passwort-Knacker, der sowohl CPU- als auch GPU-Cracking unterstützt.)

Aircrack-ng   Dokumentation:
http://www.aircrack-ng.org/#   eng.

(Sammlung von Computerprogrammen, die es ermöglichen, Schwachstellen in

WLANs auszunutzen und zu analysieren.)

Wireshark   Tutorial:
http://www.nwlab.net/tutorials/wireshark/wireshark-tutorial-2.html

deutsch

(Sniffer zur Analyse und grafischen Aufbereitung von Datenprotokollen)

Metasploit Dokumentation:
https://community.rapid7.com/docs/DOC-1875 eng

(Zeigt Informationen über Sicherheitslücken an.)

Ettercap Doku:
https://linux.die.net/man/8/ettercap eng.

(Geeignet für Man-In-The-Middle-Angriffe.)

Wer zum **'großen Besteck'** greifen möchte, lädt sich **Kali Linux** herunter und brennt es auf DVD oder zieht es auf einen USB-Stick.

KALI LINUX ist eine Sammlung, welche mit mehr als 300 Hilfsmitteln keine Hacker-Wünsche offen lässt. Ein Vorteil von Kali Linux ist, dass die Distribution automatische Optimierungen für die einzelnen Programme zur Verfügung stellt, so dass nicht, wie bei einer Einzel-Installation, auch darauf geachtet werden muss.

Kali Linux ist erhältlich über: https://www.kali.org/

Dokumentation in deutsch: http://de.docs.kali.org/

Es muss zu **Kali Linux** gesagt werden, dass aufgrund der deutschen Gesetzeslage bereits der Besitz oder Vertrieb dieser Distribution strafbar sein kann, **sofern die Absicht zu einer rechtswidrigen Nutzung nach § 202a StGB (Ausspähen von**

Daten) oder § 202b StGB (Abfangen von Daten) besteht.

Leider bleibt anzumerken, dass es mit deutschen Übersetzungen oben genannter und weiterer Tools zum Hacken nicht besonders rosig steht. Kenntnisse des Englischen sind daher äußerst wünschenswert, um keine eventuell sogar verheerenden Fehler zu begehen. Sieh Dich daher im Internet nach Tutorials und Plattformen für Hacker um, wo Du eventuell Fragen stellen kannst und Hilfe bekommst, falls Deine Kenntnisse der englischen Sprache nur mangelhaft sind.

Malware

Viren, Trojaner und Co

Unter Malware versteht man Schadprogramme, welche auf eine oder die andere Art dem Computer schaden können.

Die ursprüngliche und älteste Schadware waren Viren, welche einstmals oft entwickelt wurden, um Nutzer zu ärgern bzw. diesen offensichtlich Ärger zu bereiten, indem sie Computer blockierten oder gar die Festplatte unwiederbringlich zerstören sollten.

Sinn und Zweck von Schadware ist heute oftmals ein anderer. So sollen Daten ausgespäht werden, was freilich optimalerweise in aller Heimlichkeit geschieht oder zumindest geschehen soll.

Weiteres Ziel moderner Schadware sind Erpressung und Nötigung, indem man den Computer bzw. die sich auf ihm befindlichen Daten blockiert, so dass der Nutzer keinen Zugriff mehr darauf erhält, bis er ein **'Lösegeld'** bezahlt hat.

Um nicht unnütz **'Papier zu füllen'**, hier ein Link zu Wikipedia, welcher dieses Thema behandelt:

https://de.wikipedia.org/wiki/Schadprogramm

Ich denke, interessanter für Dich mag die Frage sein, wie denn solche Schadprogramme überhaupt auf einen Computer kommen und wie man zu diesen kommen mag, sofern man nicht in der Lage ist, selbst welche zu schreiben.

Diese Frage will ich beantworten, nachdem ich hier noch einen Link untergebracht habe – und zwar den Link zu einem Malware-Museum:

https://archive.org/details/malwaremuseum?&sort=-downloads&page=2

Schau Dir an, was in der Vergangenheit so alles an Code geschrieben wurde und lerne daraus.

Hier ein weiterer Link zu einer interessanten Virus-Kollektion:

http://vxheaven.org/vl.php

Ich hoffe, es versteht sich von selbst, dass Du hier die gebotene Vorsicht walten lässt und nicht den Autor dieses Büchleins für etwaige Probleme verantwortlich machen willst. Du wolltest Deine Suppe – Du bekommst Deine Suppe. Vergiss nicht, dass Du im Besitz einer selbst gebrannten Linux-DVD bist, die Du jederzeit für Experimente verwenden kannst.

Nun zur Frage, wie denn solcher Schadcode auf einen Computer kommen kann:

Zum Beispiel : siehe meine letzten Sätze. Auch hier kannst Du Fehler machen und Dir unbeabsichtigt Schadcode auf Deinen Computer laden.

Merke: Du kennst mich nicht; also vertrau mir nicht!!

Es gibt eine Seite, welche Du prinzipiell aufsuchen solltest, wenn Du im Zweifel bist, ob Du einen Link anklicken sollst oder nicht und diesen Link überprüfen lassen.

Unter dieser Adresse kannst Du Urls sowie auch Dateien auf Malware überprüfen lassen.

https://www.virustotal.com/de/

Weiter im Text: Durch Anklicken falscher Links in beispielsweise Mails gelangst Du auf gefährliche Seiten, wo Du Dir ohne Dein Zutun (Windows) Schadcode auf den Rechner laden kannst. Gefährlich können auch Links in sozialen Netzwerken sein, da die Betreiber nicht immer alles auch schnell genug entdecken. (Neu geschriebener Code braucht eine Weile, um als schädlich erkannt zu werden.)

Die Wege, wie eine Malware auf den Rechner kommt, sind verzwickt und im Grunde doch immer die gleichen: Deine

Neugier ermöglicht letztendlich, dass der Code auf Deinen Rechner kommt.

Es gibt ein geflügeltes Wort unter Linux-Nutzern: **Das Problem sitzt vor dem Bildschirm.**

Anders als bei Windows kann sich bei einem Linux nämlich ein Programm und somit ein Schadcode, nicht selbst installieren, sondern muss explizit installiert werden. Der Möglichkeiten, einen unvorsichtigen Nutzer an der Nase herumzuführen, gibt es unzählige. Man braucht nur etwas darüber nachzudenken.

Dann wäre noch die Frage: **Woher bekomme ich den Code, wenn ich ihn nicht selbst schreiben kann?**

Antwort: **Kauf ihn Dir!**

Ja, kaufe ihn Dir einfach. Es gibt heute Hacker, welche ganze Bausätze verkaufen und Dir somit die Arbeit des Schreibens abnehmen. Du brauchst nur sagen, was Du möchtest und Du bekommst es.

So einfach? Ja, so einfach ist es tatsächlich. Du musst eben nur wissen, wo Du diese Dinge bekommen kannst. Die Antwort darauf hat Herr Meier in diesem Büchlein auch parat:

Im Darknet!

Was uns bereits zum nächsten Kapitel bringt. Dem Kapitel über das Darknet, welches nicht mit dem Deep Web verwechselt werden sollte.

Das Darknet

In das sogenannte Darknet gelangt man mit dem **'Tor-Browser'**.

Dieser stellt sich beim Öffnen folgendermaßen dar:

Um nicht unnötig viel Platz an das Thema Tor zu verschwenden (ist sehr gut dokumentiert) hier nur ein Link und danach einige wenige Erläuterungen zur Sicherheit:

https://www.torproject.org/

Persönlich empfehle ich Dir, das Live-System **Tails** herunterzuladen und zu brennen oder auf einen Stick zu ziehen. Tor befindet sich auf diesem Live-Linux-System und meines Erachtens bist Du damit **(falls Du weitere Ratschläge befolgst)** auf einer wirklich sicheren Seite.

Link zu Tails: (Auch Deutsch)

https://tails.boum.org/about/index.de.html

Meine Ratschläge:

Baue auf einem älteren Computer die Festplatte aus. Solltest Du nur einen haben, so besorge Dir eine Dockingstation für Deine Festplatte für den Normalbetrieb.

Zieh Dir die neueste Version von Tails auf einen Stick und achte darauf, dass niemals Deine Festplatte im PC ist, wenn Tails läuft. Musst Du etwas speichern, besorge Dir einen Mini-Usb-Stick oder Ähnliches, was Du gut verstecken und vom Computer getrennt aufbewahren kannst.

<u>**Nur damit – und nur damit**</u> **geh über Tor ins Internet und besuche das 'Hidden Wiki', wo Du die Adressen für alle vorhandenen illegalen Marktplätze findest.**

Unter diesen Marktplätzen findest Du unter anderem auch Hackerforen, auf welchen Du Dich nach Software aller Art umsehen kannst.

Sicher hast Du nicht erwartet, dass Du hier in diesem Büchlein selbst Code findest, mit welchem Du irgendwelche Seiten oder Computer hacken kannst. Code funktioniert nur so lange, wie er nicht als solcher bekannt ist und sich die Schutzprogramme noch nicht darauf eingerichtet haben.

Darum mein Rat am Anfang dieses Buchs, selbst Code schreiben zu lernen, falls Du ihn nicht teuer kaufen willst.

H/P/A/W/V/C

Hack, Phreak, Anarchy (internet), Warez, Virus, Crack.
- HackForum ⊡ - hacking, malware, carding and more!
- TCF ⊡ - Tor Carding Forums + Market.
- Spartan's Dark Rift ⊡ - Hacking, cracking, conspiracy and more plus a nightly deep web crawl and connection test for onion sites. Check out the downloads section for a growing collection of underground docs. (under H/P/A/W/V/C)
- Milw0rm RaaS ⊡ - Ransomware as a Service.

Audio - Music / Streams

Es dürfte selbstverständlich sein, dass Du an solchem Ort die größte Vorsicht walten lässt und nirgends deine wahren Daten hinterlässt. Dies bezieht sich auf alles, was sich mit Dir in Verbindung bringen lässt, sei es Adresse, Bankkonto, E-Mail etc.

Schließlich ist dies der Ort, an dem nicht nur Interessierte, wie Du vielleicht einer bist, sich

herumtreiben, sondern Du hast es auch mit Drogendealern, Crackern, Betrügern und Geheimdienstlern aller Nationen zu tun. Besonders Letztgenannten ist es ein großes Anliegen, Deine wahre Identität ausfindig zu machen. Also: **Lass Vorsicht walten!**

Hier drei Beispiele, was Dich noch im Hidden Wiki erwartet. Hier übrigens noch eine Url, damit Du das Wiki auch findest: **(Geht nicht mit normalem Browser im normalen Internet!)**

http://zqktlwi4fecvo6ri.onion/wiki/index.php/Main_Page

Hier werden Britische Pässe verkauft.

Hier Ware von Samsung

(Sind keine Sonderangebote – ist illegal..)

Milw0rm - The Better & Cheapest FUD Ransomware + C&C on Darknet

BUY - FAQ - CONTACT

We provide an already configured and compiled FUD Ransomware + Decrypter
We are the only that provide a FREE Anonymous C&C Dashboard via Onion to manage your Clients
We also provide additional FREE Customizations and DON'T take Fees from your Clients

DISCLAIMER: Our Products are for EDUCATIONAL PURPOSES ONLY.
Don't use them for illegal activities. You are the only responsable for your actions!
Our Products/Services are sold with NO WARRANTY and AS ARE.

*** milworme5c53ldlu.onion ***

-= CHOOSE YOUR PACKAGE =-

[PACKAGE #1] - 1 YEAR C&C Dashboard (RaaS) - Price: 0.95 btc

- FUD Ransomware (AES 256 Encryption with a 30 chars long uncrackable key)
- Decrypter
- 1 Year C&C Dashboard (to receive the AES keys from Clients)
- We take NO FEES from your Clients
- Optional: additional Crypter adding 0.1 btc
- Optional: additional file types to encrypt for free (for all file types encrypted see FAQ)
- Optional: additional client banner in your language for free (already present eng, rus, ger, fra, esp, ita)

[PACKAGE #2] - 6 MONTHS C&C Dashboard (RaaS) - Price: 0.60 btc

- FUD Ransomware (AES 256 Encryption with a 30 chars long uncrackable key)
- Decrypter
- 6 Months C&C Dashboard (to receive the AES keys from Clients)
- We take NO FEES from your Clients
- Optional: additional Crypter adding 0.1 btc
- Optional: additional file types to encrypt for free (for all file types encrypted see FAQ)
- Optional: additional client banner in your language for free (already present eng, rus, ger, fra, esp, ita)

Hier gibt es Ransomware. (Erpressersoftware)

Zur Klarstellung: Dies ist keine Aufforderung zum Kauf von illegalen Dingen im Darknet, sondern soll Deiner Information dienen. Der Autor betreibt dort keine Plattform und wird auch künftig keine betreiben !!

Die nächste Frage, die Du Dir hier nun stellen wirst, ist die nach der Bezahlung für Dinge im Darknet. Da Du keinesfalls Deine Daten preisgeben sollst, muss es Möglichkeiten geben, wie Du anonym Geld bezahlen oder auch entgegen nehmen kannst.

Die übliche Währung im Darknet besteht in der Regel in Bitcoin. Überlege Dir einen intelligenten Weg, wie Du zu Deinen ersten Bitcoins kommst, falls Du diese von Beginn an anonym erwerben möchtest. Für das Weitere gebe ich Dir hier einige Links auf den Weg, statt endlos viele Seiten zu beschreiben, für welche Du wieder mehr bezahlen müßtest. (Also sei Herrn Meier dankbar, statt später schlechte Rezensionen zu verteilen und zu schimpfen...)

Link zum Bitcoinwiki. Klick Dich durch und Du wirst Einiges lernen:

https://de.bitcoin.it/wiki/Hauptseite

Auch interessant zu wissen:

https://bitcoin.org/de/schuetzen-sie-ihre-privatsphaere

Auch hier: Herumklicken und etwas lernen: https://www.privacy-handbuch.de/handbuch_26_bitcoin5.htm

Weiteres zur Anonymität

Als angehender Hacker machst Du Dir natürlich ständig Gedanken darüber, wie Du anonym sein kannst, auch wenn Du einmal nicht mit Deinem Linux-Stick oder -DVD ins Internet kannst.

Einige Gedanken:

Kauf Dir auf einem Flohmarkt ein internetfähiges Handy, lasse es ohne Karte und logge Dich über Hotspots ein. (Findest Du eines, welches Du **rooten** kannst, so ändere jeweils die **Mac-Nummer**, um wirklich keine Rückschlüsse auf Dein Gerät zu geben.)

Mache das Gleiche auf jeder beliebigen Linux-Distribution, welche Du auf einem Laptop hast, um mobil zu sein und nicht über den eigenen Router ins Netz zu müssen.

Wie Du die **Mac-Nummer änderst**, erfährst Du hier:

MAC-Adresse unter Linux ändern

DerBefehl **"ifconfig eth0"** in der Root-Konsole zeigt die aktuelle MAC-Adresse an.

Notiere Dir diese, damit Du später wieder bei Bedarf die originale Nummer verwenden kannst.

Befindet sich eine zweite Netzwerkkarte in Deinem Computer, gib **"ifconfig eth1"** ein.

Danach gibst Du den Befehl **"ifconfig eth0 down"** ein, um die Netzwerkkarte zu deaktivieren.

Mit **"ifconfig eth0 hw ether xxx"** kannst Du jetzt die Adresse ändern.

Anstelle der **"xxx"** setze eine beliebige MAC-Adresse wie beispielsweise **B3:17:A1:0C:24:36.**

Anschließend kann die Netzwerkkarte über den Befehl **"ifconfig eth0 up"** wieder eingeschaltet und genutzt werden.

Hier findest Du zum Beispiel Mac-Adressen von Sony:

http://de.adminsub.net/mac-address-finder/sony

…...

Anonyme Mail

Du wirst aus dem einen oder anderen Grund ab und an eine anonyme Mail schreiben müssen.

Falls Du nicht schon versiert genug bist, das über die Konsole zu bewerkstelligen, so hast Du hier einige Links zu Adressen, über welche Du online anonyme Mails schreiben kannst:

(Nicht vergessen, auch diese Seiten anonym zu besuchen!)

https://www.guerrillamail.com/de/

Eine Mailadresse für kurze Zeit, sofort und ohne Anmeldung verwendbar, ideal für anonyme Registrierungen mit Möglichkeit der Rückantwort. HTML-Format kann der Dienst nicht verstehen und die Rückantwort enthält Eigenwerbung für das dahinter stehende PHP-Skript, das man privat auch für die Erstellung eines eigenen Mail-Dienstes verwenden darf.

https://discard.email/

Anmeldefreier, werbefinanzierter Anbieter von Wegwerf-Mailadressen. Sehr gut gemacht und schnell, kann wegen der angezeigten Mime-Info auch zur Email-Diagnose verwendet werden.

http://mytrashmail.com/index_de.aspx?language=de

Kostenloser, ameldefreier Mailservice mit interessanten Zusatzfunktionen: Wählbare Zeichensatz-Codierung, HTML- und Plaintext-Darstellung, Mime-Header-Anzeige, Weiterleitung und Rückantwort. Die letzten beiden Funktionen erfordern eine

Vergütung.

....

Peer-2-Peer Netze

Anonyme Peer-2-Peer Netze nutzen die Infrastruktur des WWW, um in einer darüber liegenden komplett verschlüsselten Transportschicht ein anonymes Kommunikationsnetz zu bilden. Der Datenverkehr wird mehrfach verschlüsselt über ständig wechselnde Teilnehmer des Netzes geleitet. Der eigene Rechner ist auch ständig an der Weiterleitung von Daten für andere Teilnehmer beteiligt. Das macht die Beobachtung durch Dritte nahezu unmöglich.

Hauptverwendungszweck für anonyme Peer-2-Peer Netze ist das abmahnsichere Tauschen von Dateien. Unbeobachtete Kommunikation zwischen den Teilnehmern (E-Mail, Usenet-ähnliche Foren, Chatten...) ist ebenfalls möglich. Außerdem kann man zensurresistent Webseiten publizieren, die aber nur den Teilnehmern des Netzes zugänglich sind und damit eine geringe Reichweite haben.

Weiteres auf:

https://www.privacy-handbuch.de/handbuch_50.htm

....

Google-Hacking

Damit es zu keinen Missverständnissen kommt: Der Begriff besagt nicht, dass hier Google in irgendeiner Form gehackt wird, sondern dass Dir die Suchmaschine von Google dabei helfen kann, Schwachstellen beispielsweise eines Unternehmens zu finden.

Einen Zugang zur erweiterten Suche mit Google findest Du unter: https://www.google.de/advanced_search.

So kannst Du bequem suchen und musst nicht selbst die Suchbegriffe zusammenstellen.

Auch kannst Du auf diese Weise unzureichend geschützte Webcams finden und diese zum Teil sogar steuern.

Beispiele für die entsprechenden Befehle:

Webcams

inurl:/view.shtml

intitle:"Live View / – AXIS" | inurl:view/view.shtml^

nurl:ViewerFrame?Mode=

inurl:ViewerFrame?Mode=Refresh

inurl:axis-cgi/jpg

usw, usw...

Hier ein weiterführender Link zu wikihow in diesem Kontext:

http://www.wikihow.com/Watch-Security-Camera-Streams-on-the-Internet

Mit Googlebefehlen lassen sich weitere Dinge finden – als da wären:

Zugangsdaten, Mitgliederdaten, Dokumente, auch vertrauliche Dokumente, private Daten,

Informationen über eingesetzte Serverbetriebssysteme oder Softwareversionen, Daten über Personen, Firmen etc.

Einige Befehle:

site: Ein Befehl, den Du verwendest, wenn Du eine Information auf einer speziellen Seite suchst.

inurl: sucht einen bestimmten Begriff innerhalb der URL.

allintext: Damit suchst Du Texte, die mehrere Begriffe enthalten.

intitle: oder **allintitle:** Hier suchst Du nach Ausdrücken, die im Header einer Seite zu finden sind.

ext: oder **filetype:** Hier suchst Du nach Dateien mit einer bestimmten Erweiterung.

cache: Ermöglicht die Suche einer Webseite im Googlecache.

Wieder bleibe ich meinem Grundsatz treu und schicke Dich zur weiteren Lektüre auf eine meines Erachtens sehenswerte Seite: https://kowabit.de/google-hacking/

Shodan

Wem dies alles noch nicht genügt, der kann sich einmal die Suchmaschine Shodan anschauen, die einmal die **'gefährlichste Suchmaschine im Netz'** genannt wurde.

Shodan durchsucht das Internet nach öffentlich zugänglichen Geräten, die sich auf SCADA-Systeme (Überwachungs- und Datenerfassungssysteme) konzentrieren.

Hier ein Wikipedia-Artikel:

https://de.wikipedia.org/wiki/Shodan_(Suchmaschine)   und
hier der Link zur Shodan-Seite:

https://www.shodan.io/

Aufpassen und vorsichtig sein !

Weitere Tipps und Tricks

Archivbombe

Eine Archivbombe ist eine Datei mit durch Kompression gepacktem Inhalt, deren schädigender Sinn darin besteht, beim Entpacken ein Vielfaches der vermuteten Größe anzunehmen oder Software zum Entpacken in eine Endlosschleife zu verlocken.

Die Inhalte können etwa Grafikdateien mit immer gleichem Muster oder Textdateien mit sich wiederholenden Zeichenfolgen sein. Solche Regelmäßigkeiten können sehr stark komprimiert werden. Ebenso können sie Fehler in der Entpackungssoftware ausnutzen, um Rekursionen zu erzeugen.

Archivbomben sind nicht explizit gedacht, vom Anwender entpackt zu werden, sondern zielen vorwiegend auf Antivirenprogramme ab: Diese scannen Dateien oft schon beim Dateieingang. Dafür müssen die Archive in einen temporären

Speicherbereich entpackt werden, wobei die Gefahr besteht, dass die entpackten Dateien den Arbeitsspeicher oder die Festplatte füllen und das System dadurch zum Stillstand bringen. Zudem benötigt der Scanvorgang immens viel Rechenzeit. Bei rekursiven Archivbomben dagegen bleibt das System funktionsfähig, nur der Virenscanner kann seine Aufgabe nicht vollenden.

....

Keylogger

Unter einem Keylogger versteht man eine Hard- oder Software, welche dazu dient, die Eingaben der Tastatur zu überwachen. Keylogger werden von Crackern, Geheimdiensten oder sonstigen Behörden verwendet, um an vertrauliche Daten wie Kennwörter oder PINs zu gelangen.

Manche Software-Keylogger speichern die Eingaben lediglich auf der Festplatte des zu überwachenden Rechners, andere sind in der Lage, sie per Mail zum Empfänger zu schicken..

Hardware-Keylogger erfordern einen unmittelbaren physischen Zugang zu dem betreffenden Rechner. Sie werden innerhalb von Sekunden direkt zwischen Tastatur und Rechner gesteckt. Geräte, welche die ausgespähten Daten in einem integrierten Speicher ablegen,müssen später

wieder entfernt werden. Die von ihnen protokollierten Eingaben werden dann an einem weiteren Computer ausgelesen. Andere Techniken könmnen versenden die mitprotokollierten Daten über Netzwerke oder per Funk senden.

Die naheliegendste Möglichkeit, Hardware-Keylogger zu

erkennen, ist die, die Hardware

regelmäßig durch Augenschein zu kontrollieren.

Schützen kann man sich gegen Hardware-Keylogger mit einer virtuellen Tastatur. Diese Eingaben kann der Keylogger nicht aufzeichnen. Darum solltest Du diese nutzen, um Dich vor Hardware-Keyloggern zu schützen. Gegen Softwarekeylogger bietet dies allerdings nur einen geringen Schutz, da diese in der Lage sind, auch Bildschirmaufnahmen zu machen.

....

Der Autor

'Herr Meier' hat eigentlich alles, was er weiß, von Frau Meier gelernt – und Frau Meier ist in Wahrheit ein Mann. Wer mehr wissen möchte, möge den Dachdecker seines Vertrauens fragen, denn hier wissen Arzt und Apotheker auch nicht Bescheid...

Ich Hacker-

Herr Meier